LE FRANCAIS VITE MAIS BIEN !

Marie-Laure Soullard-Pecqueur

LE FRANCAIS

VITE

MAIS BIEN !

Tome 2

Niveau B1, B2

Edition «étudiant»

Mise en page et illustrations :
Elise Gabassi

REMERCIEMENTS

A Kim Marsolek-Bonnet sans qui ce livre n'existerait pas.

A Christian pour ses conseils avertis.

PRÉSENTATION

Bonjour à tous ! Je me présente, je suis Julie et j'ai 28 ans. Je vis à Bordeaux dans le Sud-Ouest de la France où je suis enseignante. Je sais que vous apprenez le français. Félicitations ! Suivez-moi, je vous emmène pour un grand voyage dans notre jolie langue.

N'oubliez pas vos bagages… <u>**ce livre, un bon dictionnaire, un livre de conjugaison**</u> et enfin un cahier et un crayon. Ah ! J'oubliais: un peu de patience aussi… Prêts ?

Comment utiliser ce manuel ?

Il est fondé sur une logique d'apprentissage. C'est la raison pour laquelle je vous conseille d'étudier les chapitres dans l'ordre prévu. Mais cela ne vous empêche pas, bien au contraire, de revenir en arrière pour réviser ou approfondir certains points. Des expressions toutes faites sont glissées au fil des pages. Afin de vous en faciliter la compréhension, je vous les présente dès le début de la méthode. Voici le plan de chaque chapitre :

1.   Comprendre : la leçon
2.   S'entraîner : les exercices d'application
3.   Jouer : un exercice sous une forme plus ludique.
4.   Enrichir son vocabulaire
5.   Dialoguer : des suggestions pour l'expression orale
6.   Réviser
7.   Correction

<u>Les tomes 1 et 3 vous apporteront les 21 chapitres qui complètent ce manuel.</u>

DÉROULÉ DES CHAPITRES

A. SOMMAIRE DES CHAPITRES

Tome 1

N°	Grammaire dans une démarche logique	Vocabulaire de la vie quotidienne en France
1	Les mots et la ponctuation	Approfondir une langue étrangère
2	Les groupes nominaux	La famille
3	Les déterminants	Le logement
4	Les adjectifs qualificatifs	La toilette
5	Le verbe et son infinitif	Comprendre les recettes de cuisine
6	Les pronoms personnels	Le corps et ses petits problèmes
7	Le mode indicatif	Les voyages
8	Le verbe et son sujet	Les tâches ménagères
9	Etre et avoir	Le service de table
10	Les pronoms démonstratifs	Le jeune enfant et la puériculture
11	Les négations	Le temps qui passe

Tome 2

12	Particularités de certains verbes	10	La scolarité des 3-11 ans	14
13	Les pronoms possessifs	18	La situation dans l'espace	21
14	Les questions fermées	26	Le collège des 11-15 ans	30
15	Les questions ouvertes	34	Le jardinage	38
16	Le mode participe	42	La vue et la lumière	46
17	Les temps composés du mode indicatif	50	Le lycée et le baccalauréat	54
18	Règles d'accords des participes	58	Les loisirs	62
19	Les attributs	66	Les sentiments	69
20	Les comparaisons	72	Les institutions et les formalités admin.	75
21	Le présent et le subjonctif	78	Les courses d'hier et d'aujourd'hui	81

Tome 3

22	Les superlatifs	Le mot « plus »
23	Les pronoms indéfinis	Les vêtements et la mode
24	Le mode impératif	Les fêtes au long de l'année
25	Les compléments circonstanciels	La météo
26	Les pronoms relatifs et leur emploi	Des meubles remplis d'objets
27	Les conjugaisons pronominales	L'hôpital
28	Les pronoms adverbiaux «En et y»	Les médias
28	Le mode conditionnel	La papeterie
30	La voix passive	L'homme et l'animal
31	La phrase complexe	Le bricolage
32	La concordance des temps	L'environnement

B. QUELQUES EXPRESSIONS IDIOMATIQUES RELEVÉES DANS CE MANUEL

Vous allez rencontrer dans ces trois tomes beaucoup de mots dont certains seront nouveaux pour vous mais aussi des expressions toutes faites que vous aurez plus de mal à trouver dans le dictionnaire; c'est pourquoi je vous les explique avant même de commencer l'étude des chapitres. Quand vous les rencontrerez, marquées par un * celles-ci seront donc mieux comprises.

expressions	chapitre	commentaires
Ça tombe très bien	28	L'occasion est bonne
Je n'en reviens pas	28	Je suis très étonné
Je m'en moque	1 & 28	Cela m'est égal
En détails	1	Plus complètement
Elle fait semblant	1	Elle fait la même chose que si elle…
Bonne chance !	1	Réussissez bien !
Etre à l'aise	1	Etre détendu car on sait faire les choses
Bien s'entendre	2	Sympathiser avec quelqu'un
Eclater de rire	2	Rire subitement très fort
A domicile (2 sens)	2	1. Chez soi, dans sa maison 2. Chez un client, un patient…
Chambres de bonnes	3	En haut des immeubles se trouvent des chambres seules, sans confort, qu'occupait le personnel de service.
Moyens financiers	3	La somme d'argent que les personnes possèdent
Faire la toilette	4	Se laver
Chauffage d'appoint	4	Petit radiateur que l'on ajoute lorsque le chauffage principal est insuffisant, par grand froid
Les petits diables	4	Les petits enfants pas toujours obéissants
Etre dans le brouillard	5	Ne pas bien comprendre , mélanger tout
Faire revenir (cuisine)	5	Faire cuire dans de la matière grasse (huile, beurre , margarine)
Faire les soldes	6	Aller dans les magasins en période de réductions
Bien se porter	6	Se sentir en bonne santé
Apprendre par coeur	7	Retenir tous les mots exacts sans se tromper
Se rendre	1	Aller
Indicateurs de temps	9	Mots qui précisent « quand » une action se passe
Se familiariser avec	10	Mieux connaître
Faire une ronde	12	Donner la main aux autres et ensemble, former un cercle
Gagner des lots à la kermesse	12	Gagner des très petits cadeaux (sauf exception) en participant à des jeux lors de la fête de l'école ou du village
L'emploi du temps	14	L'organisation des activités d'une journée ou d'une semaine
Chemin faisant	16	Petit à petit
Semaine chargée	17	Semaine comportant un emploi du temps très complet
Tomber d'accord	18 & 28	Penser la même chose, s'accorder
Dépité	18	Déçu
En ce qui concerne	18	Je veux parler de …
Remonter le moral	19	Aider à aller mieux dans la tête, à être plus gai

Suite expressions	chapitre	Suite commentaires
Perdre son sang-froid	19	Se laisser envahir par la panique et réagir de façon anormale
Sans-gêne	19	Qui ne fait pas attention aux autres, attitude égoïste
Pas plus tard qu'hier	20	C'est juste hier que …
Etre à la charge de quelqu'un	20	Ne pas avoir suffisamment d'argent pour vivre et être aidé financièrement
Etre en plein doute	21	Ne pas être sûr de quelque chose, hésiter
Faire les additions « de tête »	21	Les faire mentalement, sans crayon ni papier
Payer en trois fois sans frais	21	Donner trois chèques pour des dates séparées afin de mieux répartir la dépense et sans que cela ne coûte de supplément
Moyennant quelques euros	21	En échange de quelques euros
Je suis pour la transparence	23	Je souhaite que tout soit clairement montré
Pas grand chose	23	Peu de choses
De bouche à oreille	23	D'une personne à une autre , en parlant
Prêt-à-porter	23	Vêtements pas trop chers qui sont fabriqués en grand nombre
Exercer une haute fonction	23	Avoir un métier à responsabilité
Dans un coin de couloir	24	Quelque part dans un couloir, n'importe où
Peindre dans les tons clairs	24	Choisir de peindre avec des couleurs claires
Bat tous les records	24	Est le premier dans un certain domaine
Armistice	24	Signature de fin de conflit, de guerre
Associations caritatives	24	Groupes de bénévoles qui nourrissent, soignent et habillent les pauvres
A force de faire ça…	25	Je le fais tellement souvent (longtemps) que …
Paris ne sera pas épargnée par les nuages	25	Paris sera aussi sous les nuages
Tant bien que mal	27	A peu près
Quelques vagues explications	27	Des explications floues, peu précises
Le pronostic vital est engagé	27	L'état de santé est très inquiétant et pourrait conduire à la mort.
Au détriment de la confidentialité	28	Sans respecter le secret
Demeurer dans mon coeur	30	Aimer toujours
On ne peut que s'en féliciter	31	On est très satisfait, très content

Et aussi...

En dire long	Dire beaucoup de choses
Il s'agit de	Je parle de
Faire confiance	Croire que quelqu'un est capable de …
Ça reste à faire	Nous devons encore faire
Un point de vue	Une opinion
Etre à l'heure	Arriver à l'heure précise
Ce n'est pas grave	Ça n'a pas d'importance
Avoir bon goût	Bien choisir les choses
Avoir besoin de certaines choses	Ces choses sont nécessaires

12.PARTICULARITÉS DE CERTAINS VERBES.

1. COMPRENDRE

Nous ne sommes heureusement pas tous semblables, nous ne présentons pas tous le même comportement et pour ce qui est des verbes, c'est la même chose. Dans le troisième groupe en particulier mais pas uniquement on trouve des verbes dont la conjugaison est spéciale.

C'est essentiellement un travail de mémoire que je vous demande de faire dans ce chapitre. N'hésitez pas à copier les conjugaisons en mettant des couleurs sur les particularités.

1. Le verbe aller

imparfait	présent	futur
J'allais	Je vais	J'irai
Tu allais	Tu vas	Tu iras
Il allait	Il va	Il ira
Nous allions	Nous allons	Nous irons
Vous alliez	Vous allez	Vous irez
Ils allaient	Ils vont	Ils iront

2. Le verbe pouvoir

imparfait	présent	futur
Je pouvais	Je peux	Je pourrai
Tu pouvais	Tu peux	Tu pourras
Il pouvait	Il peut	Il pourra
Nous pouvions	Nous pouvons	Nous pourrons
Vous pouviez	Vous pouvez	Vous pourrez
Ils pouvaient	Ils peuvent	Ils pourront

3. Le verbe faire

imparfait	présent	futur
Je faisais	Je fais	Je ferai
Tu faisais	Tu fais	Tu feras
Il faisait	Il fait	Il fera
Nous faisions	Nous faisons	Nous ferons
Vous faisiez	Vous faites	Vous ferez
Ils faisaient	Ils font	Ils feront

4.   Le verbe venir (tenir se conjugue sur le même modèle)

imparfait	présent	futur
Je venais	**Je viens**	Je viendrai
Tu venais	**Tu viens**	Tu viendras
Il venait	**Il vient**	Il viendra
Nous venions	**Nous venons**	Nous viendrons
Vous veniez	**Vous venez**	Vous viendrez
Ils venaient	**Ils viennent**	Ils viendront

5.   Les verbes du 1° groupe terminés par « cer » prennent une cédille sur le « c » devant « a » et « o » afin de garder le son [s]

Exemple : j'avance   nous avançons

6.   Pour les verbes en « oyer » et « uyer » « ayer » on remplace le « y » par le « i » quand la terminaison est un « e » muet.

Exemple : elle **tutoie** (nous tutoyons)   il **essuie** (nous essuyons)

Mais il existe une tolérance pour les verbes en « ayer » je balaye ou je balaie.

7.   Pour les verbes en « ger » on doit conserver le « e » après le « g »devant « a » ou « o ».

Exemple : je mange mais nous **mangeons**

8.   Les verbes en « eler » et « eter »

La dernière consonne « l » est doublée devant un e muet (qui ne s'entend pas) à la fin du mot.

Exemple : je rappelle ; elles rappellent ; mais nous rappelons …ils rappelaient…
            Je jette ; elles jettent mais nous jetons…ils jetaient

9.   Les verbes terminés par « dre » comme répondre donnent au présent :

je réponds/tu réponds/il répond/ mais les verbes terminés par « indre » comme peindre ne suivent pas la même règle : je peins/tu peins/il peint/nous peignons/vous peignez/ils peignent.

10.   Il est vivement conseillé de consulter le livre de conjugaison pour retenir les verbes suivants :

dire ; dormir ; prendre ; cueillir ;partir ; devoir ; recevoir ; vouloir ; vivre ; atteindre ; coudre ; naître croire ; savoir ; …ainsi que le verbe céder en observant les changements d'accents.

2. S'ENTRAINER

Exercice 1. (à faire avec un livre de conjugaison)

Pour chaque verbe donnez la première personne du singulier et du pluriel.

(tenir : présent) je tiens ; nous tenons
(aller : futur) _____
(prendre : imparfait) _____
(appeler : présent) _____
(faire : futur) _____
(payer : présent) _____
(pouvoir : futur) _____
(revenir : futur) _____
(noyer : présent) _____
(manger : imparfait) _____

Exercice 2.

Indiquez l'infinitif et le temps des verbes suivants :

	Infinitif	Temps utilisé
Vous preniez		
Je viendrai		
Elle doit		
Nous ferons		

3. JOUER

Remplir les cases colorées à l'aide des définitions numérotées.

Horizontalement	Verticalement
1. Lire ; présent ; il…	2. Aller ; futur ; ils…
3. Pouvoir ; imparfait ; ils…	4. Tenir ; présent ; il…
5. Partir ; futur ; elles…	6. Faire ; présent ; vous…
7. Devoir ; imparfait ; tu…	8. Venir ; présent ; ils…
9. Prendre ; futur ; il…	11. Aller ; présent ; je…
10. Aller ; imparfait ; elle…	

13

4.ENRICHIR SON VOCABULAIRE

La scolarité de 3 à 11 ans

A l'école maternelle les enfants de 3 à 5 ans sont répartis en trois classes :

1. La petite section pour les plus jeunes ; c'est le début du **premier cycle** qui durera deux ans ; on y apprend principalement à **vivre en société**, à faire une ronde* attendre son tour, à se mettre en rang ou à s'asseoir tous sur les bancs ;on joue librement (la classe est pleine de jouets), on chante , on écoute des histoires, on s'initie à la musique. Une **sieste** est prévue l'après-midi.

2. La moyenne section pour les « 4 ans » permet de dessiner beaucoup, de découvrir ce qu'est un symbole , les noms des animaux , des aliments et surtout de se situer dans le temps (chronologie) et dans l'espace (jeux sportifs) ; l'enfant va **s'exprimer** devant les autres , raconter ce qui lui arrive .

3. Enfin la grande section pour les préparer au passage à la « grande école » . Par des activités mathématiques et de vocabulaire, l'enfant « travaille ». Toutes les classes participent une ou deux fois par an à un spectacle pour la plus grande fierté de leurs parents !

La « grande école », c'est l'école élémentaire. Pendant en principe cinq ans l'enfant va acquérir une foule de connaissances en lecture , écriture , calcul et matières d'éveil (histoire , géographie sciences, technologie , informatique). Dès huit ans il commence à découvrir une autre langue , souvent l'anglais , seulement sous forme orale.

A 6 ans il est en CP : cours préparatoire_ : c'est une classe fondamentale qu'il doit absolument réussir pour savoir lire , écrire , compter jusqu'à 100 et additionner .Il travaille aussi sa mémoire . Il apprend à écrire sur des lignes à une page bien précise , à changer de cahier ; il fait un gros travail sur l'écriture des sons et s'habitue à rester sage , assis à sa place. C'est l'âge des premiers **devoirs et leçons à la maison** que l'on inscrit sur le **cahier de texte**. Le **cahier de liaison**, lui , permet de donner des informations aux parents ; ceux-ci le signent quand ils **ont pris connaissance** du document.

A 7 ans il est en CE1 : _ cours élémentaire_ il poursuit les acquisitions de l'année précédente et termine ainsi ce que l'on appelle le **deuxième cycle** élémentaire. A la fin de cette année, il peut **éventuellement redoubler** si le professeur pense qu'il n'a pas de bases solides.

A 8 ans il est en CE2 : il commence le **troisième cycle** qui durera trois ans et l'amènera à la porte du collège … C'est le cycle des approfondissements. On y fait beaucoup d'orthographe , de conjugaison , de multiplications , divisions , nombres décimaux , fractions et de problèmes pour utiliser ces **notions** .Une langue , l'histoire la géographie , les sciences, l'informatique et l'instruction civique viennent compléter tout cela.

A 9 ans il entre en CM1 puis à 10 ans en CM2 : cours moyen_ Il aura beaucoup plus de travail à la maison le soir et on essaiera de le préparer sérieusement au collège. Il recevra une formation de sécurité routière destinée aux piétons et aux vélos.

Durant ces cinq années, les enfants font un peu de sport, mais les installations étant peu nombreuses, c'est un peu en fonction de la météo, du temps dont le professeur dispose et de sa volonté. Néanmoins, quelques grands événements permettent aux enfants de progresser (brevet de natation, brevet de gymnastique, cross, concours interclasses de sports d'équipe ou même « jeux olympiques ! »). La fête traditionnelle en fin d'année permet aux enfants de chanter, de faire du théâtre et de danser. Elle est parfois suivie d'une **kermesse** pour jouer et **gagner des lots.**

5. DIALOGUER

Utilisez le même verbe choisi dans la liste des irréguliers pour construire un dialogue sur le modèle suivant :

« Hier il faisait froid
_mais aujourd'hui il fait chaud !
_Aujourd'hui tu rappelles ta mère
_mais hier c'était elle qui m'appelait.
_Hier il devait geler
_mais aujourd'hui il doit faire meilleur…….
_ oui et demain il fera encore meilleur….

REVISER

Conjuguez à la forme négative au présent de l'indicatif et complétez :

Finir (Paul)	*Paul ne finit pas son travail.*
Partir (Nous)	
Jouer (les enfants)	
Pouvoir (elles)	
Balayer (je)	
Manger (nous)	
Faire (vous)	

6. CORRECTION DU CHAPITRE

Exercice 1.

J'irai ; nous irons   Je prenais ; nous prenions   J'appelle ; nous appelons

Je ferai ; nous ferons   Je paye ou je paie ; nous payons   Je pourrai ; nous pourrons

Je reviendrai ; nous reviendrons   Je noierai ; nous noierons   Je mangeai ; nous mangions

Exercice 2.

	Infinitif	Temps utilisé
Vous preniez	Prendre	Imparfait
Je viendrai	Venir	Futur
Elle doit	Devoir	Présent
Nous ferons	Faire	Futur

JOUER

1.LIT
3.POUVAIENT
5.PARTIRONT
7.DEVAIS
9.PRENDRA
10.ALLAIT

2.IRONT
4.TIENT
6.FAITES
8.VIENNENT
11.VAIS

REVISER

Finir (Paul)	*Paul ne finit pas son travail.*
Partir (Nous)	Nous ne partons pas à Marseille.
Jouer (les enfants)	Les enfants ne jouent pas sous la pluie.
Pouvoir (elles)	Elles ne peuvent plus respirer.
Balayer (je)	Je ne balaye (ou balaie) plus ma terrasse.
Manger (nous)	Nous ne mangeons jamais de bananes.
Faire (vous)	Vous ne faites pas d'étourderies.

13. LES PRONOMS POSSESSIFS

I. COMPRENDRE

Comme tout le monde, je possède des objets ; vous aussi bien sûr. Un de mes préférés, c'est mon album photo, c'est vraiment <u>le mien</u>, pas <u>le vôtre</u> .Mes parents en ont un aussi ; quand je vais chez eux, je regarde <u>le leur</u>. Ces pronoms possessifs sont très nombreux. Pour choisir le bon, il faut se demander trois choses :

- qui possède ? moi ? toi ? Pierre ou Paul ?...
- si ce qui est possédé est masculin ou féminin
- si ce qui est possédé est singulier ou pluriel

Exemple : c'est mon chien, c'est le mien, ce n'est pas le tien ni le sien…

Les voici tous dans le tableau suivant :

Mon neveu		c'est le mien.
Ma nièce		c'est la mienne.
Mes neveux		ce sont les miens.
Mes nièces		ce sont les miennes.
Ton livre		c'est le tien.
Ta chemise		c'est la tienne.
Tes livres		ce sont les tiens.
Tes chemises		ce sont les tiennes
Son placard	Le placard de Thomas	c'est le sien.
Sa casserole	La casserole de Thomas	c'est la sienne.
Ses placards	Les placards de Thomas	ce sont les siens
Ses casseroles	Les casseroles de Thomas	ce sont les siennes.
Notre CD		c'est le nôtre.
Notre table		c'est la nôtre.
Nos CDs		ce sont les nôtres.
Nos tables		ce sont les nôtres.
Votre stylo		c'est le vôtre.
Votre feuille		c'est la vôtre.
Vos stylos		ce sont les vôtres.
Vos feuilles		ce sont les vôtres.
Leur couteau	Le couteau de M. et Mme Dupont	c'est le leur.
Leur cuiller	La cuiller de M. et Mme Dupont	c'est la leur.
Leurs couteaux	Les couteaux de M. et Mme Dupont	ce sont les leurs.
Leurs cuillers	Les cuillers de M. et Mme Dupont	ce sont les leurs.

2. S'ENTRAINER

Exercice 1.

Entourez les pronoms possessifs des phrases.

Hier tu m'as parlé de ton lecteur CD mais le tien est bien vieux ; je préfère utiliser celui de Gérard car le sien est plus récent. C'est vraiment dommage que le nôtre soit cassé car mes voisins m'ont confirmé que celui-ci était plus performant que le leur !

Paul a emprunté ma voiture car la sienne est au garage. Avec sa femme ils possèdent bien une seconde petite voiture mais la leur a un feu clignotant défectueux. Je lui ai donc sans difficultés prêté la mienne puisque je ne conduis pas en ce moment. La prochaine fois il te demandera la tienne !

Exercice 2.

Complétez le tableau en vous posant précisément les trois questions proposées dans la leçon.

	Pronom possessif
Notre fille	*La nôtre*
La cravate de Michel	
Mon mouchoir	
Tes fleurs	
Le parapluie de Sonia	
L'appartement de mes parents	
Le manteau de mon père	
Mes livres de français	
Vos dictionnaires	
Les crayons de mes frères	
Notre passeport	
Nos chaussures	
La voiture de Mickaël	
Nos affaires	
Tes bouchons	
Votre lecteur DVD	
Ma trousse de toilette	
Tes feuilles de papier	
Les gants de toilette de papa	
Ton prof de maths	
L'horloge (féminin) de mes oncles	
Nos fauteuils	
Ma caravane	
Leurs trousses	

3. JOUER

Voici tout ce que l'on dit sur une pomme. Certaines phrases peuvent aller dans les bulles car elles sont tout à fait adaptées à cette pomme. Recopiez-les. D'autres resteront loin des bulles.

C'est la mienne !

C'est le leur !

Ce sont les tiennes !

C'est le vôtre !

C'est la leur !

C'est la nôtre !

Ce sont les miennes !

C'est le sien !

C'est la tienne !

Une belle pomme

4.ENRICHIR SON VOCABULAIRE

La situation dans l'espace.

Pour situer dans l'espace, on utilise des prépositions, des adverbes et des pronoms adverbiaux . La préposition est placée juste avant un groupe nominal. La fonction de ce morceau de phrase est complément circonstanciel de lieu. Ces compléments seront étudiés dans le tome 3.

préposition	exemple	Adverbe ou groupe nominal	exemple
sur	Sur le buffet	dessus	Je le pose dessus
sous	Sous le buffet	dessous	Je le glisse dessous
Dans	Dans sa cage	Dedans	Il est dedans
Hors de /du	Hors de la cage	Dehors	Il est dehors
Au- dessus de	Au-dessus du tableau	ici	Je suis ici
Au-dessous de	Au-dessous du tableau	là	Tu es là
A côté de/du	A côté de moi	Là-bas	Il est là-bas
à	A Paris A la télé		
Près de	Près de toi	près	
devant	Devant moi	devant	Je l'ai mis devant
derrière	Derrière le mur	derrière	Il est derrière.
De l'autre côté de	Il reste de l'autre côté du mur	De l'autre côté	La grue est de l'autre côté.
Entre	Entre les deux voitures		
y	J'y vais	en	J'en viens.

5. DIALOGUER

Jules et Andréa font des comparaisons physiques. Ils observent aussi Laetitia.

Le nez : « le mien est pointu, le tien est en trompette, le sien est écrasé !
Les yeux : les miens sont noirs, les tiens sont …
les siens sont….
La bouche ; la mienne est …, la tienne est …,
la sienne est ….
Les cheveux : …….. (masculins)
Les mains ……. (féminins) »

Vous comparez maintenant :

*   votre voiture avec celle de M. et Mme Durand.
« La mienne est plutôt petite mais la leur est très grande.
……….»
*   votre parapluie avec celui de votre soeur
« Le …… est plutôt petit car il est pliable mais ……
*   vos lunettes avec celles de votre mère
« Les ……..sont rectangulaires mais les ……sont rondes.

REVISER

On retrouve facilement les verbes suivants proches des verbes appris au chapitre 12 .Ainsi vous pouvez conjuguer

Revenir (au présent de l'indicatif)	Reprendre (à l'imparfait de l'indicatif)
Je ….	Je ….

6. CORRECTION DU CHAPITRE

Exercice 1.

Hier tu m'as parlé de ton lecteur CD mais le tien est bien vieux ; je préfère utiliser celui de Gérard car le sien est plus récent. C'est vraiment dommage que le nôtre soit cassé car mes voisins m'ont confirmé que celui-ci était plus performant que le leur !

Paul m'a emprunté ma voiture car la sienne est au garage. Avec sa femme ils possèdent bien une seconde petite voiture mais la leur a un feu clignotant défectueux. Je lui ai donc sans difficultés prêté la mienne puisque je ne conduis pas en ce moment. La prochaine fois il te demandera la tienne !

Exercice 2.

	Pronom possessif
Notre fille	*La nôtre*
La cravate de Michel	La sienne
Mon mouchoir	Le mien
Tes fleurs	Les tiennes
Le parapluie de Sonia	Le sien
L'appartement de mes parents	Le leur
Le manteau de mon père	Le sien
Mes livres de français	Les miens
Vos dictionnaires	Les vôtres
Les crayons de mes frères	Les leurs
Notre passeport	Le nôtre
Nos chaussures	Les nôtres
La voiture de Mickaël	La sienne
Nos affaires	Les nôtres
Tes bouchons	Les tiens
Votre lecteur DVD	Le vôtre
Ma trousse de toilette	La mienne
Tes feuilles de papier	Les tiennes
Les gants de toilette de papa	Les siens
Ton prof de maths	Le tien
L'horloge (féminin) de mes oncles	La leur
Nos fauteuils	Les nôtres
Ma caravane	La mienne
Leurs trousses	Les leurs

JOUER

Il faut seulement recopier dans les bulles :

C'est la mienne /C'est la leur/C'est la nôtre /C'est la tienne

REVISER

Réponse dans le livre de conjugaison.

(voir « venir » et « prendre »)

14. Les questions fermées

1. COMPRENDRE

Toute la journée, nous nous posons des questions. Par exemple, le matin avant de partir au travail je me demande s'il va pleuvoir, si j'ai bien fermé le robinet de gaz, si je n'ai pas oublié les clés ou les copies corrigées que je dois emporter…Nous posons également beaucoup de questions aux autres. Par exemple j'ai bien envie de vous demander si vous avez compris le chapitre 13 !

Les questions fermées, on y répond par « oui » ou par « non », éventuellement au moyen d'un adverbe (voir plus loin).

La phrase interrogative se construit de trois façons (à lire verticalement).

Pas de changement de construction	Est-ce que … ?	Inversion ou ajout de pronoms
Langage simple à l'oral sans être toutefois familier	Langage courant , technique la plus utilisée	Langage soutenu
Tu vas mieux ?	**Est-ce que tu vas mieux ?**	**Allez-vous mieux ?**
Aucune inversion ; c'est l'intonation montante qui fait comprendre qu'il s'agit d'une question.	Pas d'inversion dans la suite de la phrase.	On inverse le sujet et le verbe.*

* A l'oreille il n'est pas possible d'enchaîner certaines voyelles. On ajoute des traits d'union avec un « t ». Par exemple :

Elle mangera sa tarte devient en langage soutenu mangera-t-elle sa tarte ?

On peut ainsi comparer :

Achèteront-ils un nouvel appartement ?

Et

Achètera-t-elle un nouvel appartement ? (avec –t-)

Le double sujet : En langage soutenu, lorsque le sujet est un nom propre ou un groupe nominal, on ajoute un second sujet sous forme de pronom personnel et le sujet réel reste en place. C'est un peu compliqué mais avec l'exemple qui suit, vous allez vite comprendre.

Exemple :
« Les enfants seront à la plage » devient : **<u>Les enfants seront-ils</u>** à la plage ?

On remarque que l'on n'a pas inversé « les enfants » et « seront »

Voici une boîte à réponses pour différentes circonstances. Selon la question posée, vous trouverez sans difficulté celle qui convient le mieux.

Oui ! Oui bien sûr ! Oui certainement ; oui habituellement ; oui sans doute ; oui peut-être ; c'est probable ; quelquefois ; tout à fait ; parfois ; souvent ; cela lui arrive !......
Non ! non jamais ; non personne ; non aucun ; non rien ; non pas du tout…

2. S'ENTRAINER

Voici des phrases interrogatives, indiquez à côté si elles appartiennent au langage très simple, courant ou soutenu.

Tu viens ce soir ?	
Est-ce que ta sœur est disponible ?	
Tu as peur ?	
T'arrive-t-il de rêver ?	
Les guirlandes sont-elles sur le sapin de Noël ?	
Est-ce que tu vends ta moto ?	
Dansez-vous le rock acrobatique ?	
Elle travaille beaucoup ?	

Vous allez pouvoir maintenant transformer toutes les phrases qui ne sont pas en langage soutenu pour les écrire dans ce langage.

_____

_____

_____

Exercice 2.

Demandez à une hôtesse de l'air en langage courant ...

- Si on arrive bientôt _____
- Si l'avion est totalement rempli_____
- Si le jus de fruit est payant _____
- Si elle peut vous aider _____

3. JOUER

J'avais des questions sur des feuilles de papier, des réponses ailleurs, un coup de vent sur le pont saint Jean et mes papiers se sont un peu envolés. J'ai besoin de vous pour m'aider à remettre ce qui va bien ensemble.

Choisissez une réponse adaptée aux différentes questions et inscrivez-la (ou les) lettres sous le tableau. En effet plusieurs sont souvent possibles. Pour cela il vous faut observer tous les mots de la question et ceux de la réponse.

1. Connais-tu quelqu'un qui peut m'aider ?	A. Absolument rien.
2. Avez-vous attrapé quelque chose ?	B. Pas pour le moment.
3. Sophie a eu peur quelquefois?	C. Oui plusieurs fois !
4. Les volets sont-ils bien fermés ?	D. Pas encore mais je vais le faire.
5. Pierre a-t-il reçu sa facture ?	E. Plus jamais, heureusement !
6. As-tu déjà déclaré tes revenus ?	F. Non, je regrette, personne.
7. Nicole a toujours des migraines ?	G. Oui bien sûr , même souvent!
8. Etes-vous déjà allés aux USA ?	H. Oh oui !

1. _____
2. _____ ou _____ ou _____
3. _____ _____ _____
4. _____
5. _____ _____
6. _____ _____ _____ _____
7. _____ _____ _____ _____
8. _____ _____ _____ _____

On a retrouvé des morceaux de papier contenant des réponses mais aucune question. Pouvez-vous inventer une question qui peut convenir, dans le langage de votre choix.

_____	Oui, quelquefois.
_____	Naturellement !
_____	Non, pas souvent !
_____	Probablement.
_____	Rien !
_____	Habituellement !
_____	Non plus maintenant.
_____	Non, nulle part !

4.ENRICHIR SON VOCABULAIRE

Le collège pour les 11-15 ans.

Tous les enfants de cette **tranche d'âge** habitant en France **fréquentent** le même type **d'établissement** qui s'appelle un collège. Ils arrivent avec des **niveaux** différents mais ils ne sont pas classés. Ils passent ainsi quatre ans (ou parfois cinq) dans des classes où les bons et les moins bons sont mélangés. On parle de classes hétérogènes. Ceux qui le souhaitent peuvent sortir pour déjeuner chez eux, les autres sont **demi-pensionnaires** et mangent à la cantine. Les heures de cours durent 55 minutes, commencent à 8h20 ou 9h20 et se terminent parfois à 15h mais le plus souvent à 16 h et 17h selon l'emploi du temps de chaque journée .En cas d'absence d'un professeur, les élèves se dirigent vers la **permanence (la perm)** (salle pour étudier seul _ théoriquement en silence ! Sous la surveillance d'un **assistant d'éducation**).

A 11 ans on entre en sixième. Les enfants sont tous surpris par le nombre important d'adultes qu'ils rencontrent ; en effet, à l'école élémentaire ils ne voyaient qu'un ou deux professeurs, éventuellement un **intervenant** pour le sport, la musique , l'anglais ou le dessin ; au collège ils ont un professeur pour chaque **matière** : français, maths, langue étrangère , sport, histoire et géographie, sciences et vie de la terre , musique, arts plastiques, technologie. Ils sont **notés** de 0 à 20 et reçoivent en début d'année une pile de livres et un carnet de liaison avec la famille. Le reste des **fournitures** est acheté par les parents, les plus modestes recevant une **prime de rentrée scolaire**. Le **cartable** devient très lourd !

A 12 ans on entre en cinquième où l'on retrouve à peu près les mêmes habitudes que l'année précédente. On découvre en plus les sciences physiques et de façon **facultative** le latin.

A 13 ans c'est la quatrième. L'emploi du temps est complété par l'apprentissage d'une seconde langue. C'est bien souvent l'espagnol qui est choisi mais parfois l'allemand. Les élèves attirés par les langues choisissent de demander une **section européenne**, ce qui leur ajoute deux heures de langue et de découverte de la civilisation du pays.

A 14 ans on entre dans la dernière classe du collège. Les matières sont les mêmes qu'en quatrième mais les élèves doivent passer un test **d'éducation routière** et un test d'utilisation des **outils informatiques**. En juin ils se présentent à leur premier **examen national, le brevet des collèges**. Il est important pour eux de bien travailler tout au long de l'année car les points peuvent compter pour le résultat final .Le second trimestre est très important pour leur **orientation** car ils doivent demander un lycée et des options selon leur choix et ne sont jamais sûrs d'être acceptés là où ils le souhaitent.

5. DIALOGUER

Vous êtes deux journalistes ; vous préparez une interview (artiste, chanteur, homme politique…Chacun annonce les questions fermées qu'il va poser.

« Avez-vous quelques minutes à nous consacrer ?
Souhaitez-vous nous recevoir dans ce salon ou dehors ?
Avez-vous eu très jeune l'idée de devenir…..
…..

REVISER

Deux élèves de collège comparent leurs parents. Ecrivez un court texte en utilisant des pronoms possessifs.

« Mon père est strict. Et le tien ?
_Oh ! le mien ne me laisse rien faire….Heureusement ma mère ……
_____
_____
_____

6. CORRECTION DU CHAPITRE

Tu viens ce soir ?	Très simple
Est-ce que ta sœur est disponible ?	courant
Tu as peur ?	Très simple
T'arrive-t-il de rêver ?	soutenu
Les guirlandes sont-elles sur le sapin de Noël?	soutenu
Est-ce que tu vends ta moto ?	courant
Dansez-vous le rock acrobatique ?	soutenu
Elle travaille beaucoup ?	Très simple

Viens-tu ce soir ? / Ta sœur est-elle disponible / As-tu peur ? / Vends-tu ta moto ? Travaille-t-elle beaucoup ?

Exercice 2.

Est-ce que l'on arrive bientôt ?
Est-ce que l'avion est totalement rempli ?
Est-ce que le jus de fruit est payant ?
Est-ce que vous pouvez m'aider ?

JOUER

La solution proposée en premier est la meilleure mais les autres conviennent.

1.   F
2.   A ou C   G   H
3.   G   C   H
4.   H
5.   B   H
6.   D   B   G   H
7.   E   B   G   H
8.   C   H   B   D   G

On peut demander par exemple :

Allez-vous au théâtre ?
Vous voulez prendre un congé ?
Est-ce que vous faites parfois de la peinture ?
Vous avez la grippe ?
Que faites-vous le matin en vous levant ?
Est-ce que vous lisez la presse quotidienne ?

15. LES QUESTIONS OUVERTES

Nous avons un proverbe français qui dit : « La curiosité est un vilain défaut.» Nous avons sans doute tous ce défaut dès notre plus jeune âge …Nous savons bien qu'un enfant de trois ans ne cesse de dire …C'est qui ? quand est-ce que ?...pourquoi ?...c'est quoi ?...

I. COMPRENDRE

Ces questions sont partielles. La réponse n'est pas « oui » ou « non » mais apporte une précision sur le lieu, le moment, la fréquence, la manière, le but, la cause…Elles commencent toutes par un pronom ou un adverbe interrogatif ou une conjonction de subordination, éventuellement un groupe nominal + préposition. En voici plusieurs :

Qui	Depuis quand	A quelle profondeur
Avec qui	Jusqu'à quand	Jusqu'où
Pour qui	Depuis combien de temps	Pourquoi
De qui ; à qui	A quelle heure	Dans quel but
Par qui	A quelle fréquence	A cause de quoi
Que et qu'	A quelle hauteur	Dans quoi
Lequel/laquelle…	A quelle distance	Combien
Quand	Où par où	Comment ….

Il est donc important de bien savoir ce que l'on cherche ; cela va déterminer le choix du mot interrogatif. Comme dans le chapitre précédent, trois formes de questions.

Mot interrogatif placé à la fin	Mot interrogatif est-ce que	Mot interrogatif + inversion sujet verbe**
Tu pars quand ? Tu cherches quoi ?	Quand est-ce que tu pars ? Qu'est-ce que tu cherches ?*	Quand pars-tu ? Que cherches-tu ?
Langage très simple, surtout oral (parlé)	Langage courant	Langage soutenu

*le « qu' » est remplacé par quoi en fin de phrase.
**Les expressions « Quel est » « quelle est » « quels sont » « quelles sont » au présent ou à d'autres temps sont également très employées. Leur orthographe dépend des noms auxquels elles se rapportent (masculin ou féminin, singulier ou pluriel).

Exemple : Quel était le nom de ce monsieur ?

       Quelle est la surface du terrain ?

       Quels sont les outils nécessaires ?

       Quelles sont les dernières nouvelles ?

Les réponses ne peuvent être fournies car elles sont innombrables. Il s'agit de lieux, d'heures, de personnes, de moyens ....

Ex : en Provence/depuis deux heures/avec Michel/trois euros/jusqu'à ce soir…

2. S'ENTRAINER

Exercice 1.

Voici des questions. Donnez le langage correspondant (très simple, courant, soutenu)

Comment trouves-tu ce film ?	
Pourquoi est-ce qu'il parle aussi mal ?	
Tu préfères qui comme comédien ?	
A quelle heure est-ce que tu passes ton permis ?	
W. Churchill est né en quelle année ?	
Comment allez-vous ?	
Où trouve-t-on une boulangerie ?	
Quelles sont tes marques préférées ?	

Exercice 2.

Choisissez le bon mot interrogatif (ou groupe de mots).

Pour demander à quel moment…	
Pour demander la cause …	
Pour demander ce que Pierre préfère…	
Pour demander une date…	
Pour demander le prix de…	
Pour demander la distance…	
Pour demander le nom d'une personne…	
Pour demander la matière utilisée pour un objet…	
Pour demander le lieu de rendez-vous…	
Pour demander la largeur d'un tissu…	
Pour demander l'itinéraire (à droite , à gauche…)	
Pour demander un délai avant de donner une réponse	

Exercice 3.

Mettez ces phrases très simples (trop simples !) dans un meilleur langage..

1.   Tu as vu quoi au cinéma samedi dernier ?

_____

2.   Son train arrive à quelle heure ?

_____

3.   Tu as trouvé le film comment ?

_____

4.   Ils sont combien les habitants de Paris ?

_____

5.   Tu penses quoi de cette histoire ?

_____

6.   Sophie part quand à Strasbourg ?

_____

7.   C'est quoi la hauteur de cette pièce ?

_____

3. JOUER

Voici une phrase qui va générer (créer) de nombreuses questions. Posez toutes les questions ouvertes possibles d'après les informations, et ceci en langage courant ou soutenu.

[Jeudi matin], [Véronique et Jean] se rendront [à l'aéroport] [dans le but de s'envoler] [pour Tunis] [car ils effectuent leur voyage de noces].

Quand ? ...

Dans quel but ? ....

4.ENRICHIR SON VOCABULAIRE

Le jardinage

Beaucoup de personnes aiment faire du jardinage .Certaines ont un tout petit jardin. D'autres ont un grand **terrain.**

La plupart ont des **jardins d'agrément.** Les personnes plantent des **bulbes de tulipes ou de dahlias.** Elles sèment des petites **graines** qui deviendront des fleurs et naturellement elles prennent soin de la **pelouse** qu'il faut tondre tous les dix ou quinze jours. Le **gazon** est souvent envahi par de la mousse. Ce n'est pas facile de la retirer.

Des arbustes comme les **rosiers,** les **hortensias** avec leurs grosses boules roses ou bleues viennent embellir le jardin. C'est un gros travail de tailler les rosiers à l'automne.

Les familles qui ont des enfants aiment installer un **portique** ou des **balançoires** entre deux arbres. Dans nos régions on trouve par exemple des **chênes, des sapins, des bouleaux** et plusieurs arbres fruitiers comme les **cerisiers, les pommiers, les poiriers** bien alignés dans des vergers . Ils sont en fleurs au mois d'avril et c'est très joli.

D'autres personnes, surtout les personnes âgées aiment avoir un **potager** dans lequel elles font pousser des salades, des tomates, des courgettes , des pommes de terre . Pour se **régaler** en été, elles ont mis des **plants de fraisiers** et des **pieds de framboisiers.**

Mais pour entretenir son jardin il faut **du matériel** que l'on achète dans une **jardinerie.** Par exemple : une **tondeuse** électrique ou à essence ; une **pelle** , un **râteau** , **un taille-herbe** , un **taille-haies** , une **bêche pour retourner la terre** et bien sûr un **sécateur** pour **tailler les buissons** de rosiers ou d'autres arbustes sans oublier la paire de gants indispensable !.

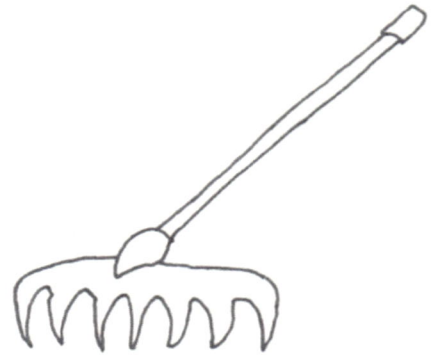

5. DIALOGUER

Vous parlez avec un autre étudiant à la cafeteria mais vous êtes un peu timides tous les deux et ne donnez pas beaucoup de détails. Vous allez donc poser des questions pour en savoir plus. Comme par exemple :

« J'ai passé une bien mauvaise journée hier !

_ Ah bon ! tu faisais quoi ?

_ Je me disputais avec …

_ Mais où est-ce que cela se passait ?

_ ..…

REVISER

Questions ouvertes, questions fermées….
Inventez des réponses pour les deux types de questions en restant toujours dans une même histoire:

Il pleut ? _	Quel temps fait-il exactement ? _
Est-ce que nous dînons au jardin ? _	Où dois-je mettre le couvert ? _
Tu as faim ? _	Que veux-tu manger ? _

6. CORRECTION DU CHAPITRE

Exercice 1.

Comment trouves-tu ce film ?	Soutenu
Pourquoi est-ce qu'il parle aussi mal ?	Courant
Tu préfères qui comme comédien ?	Simple
A quelle heure est-ce que tu passes ton permis ?	Courant
W. Churchill est né en quelle année ?	Simple
Comment allez-vous ?	Soutenu
Où trouve-t-on une boulangerie ?	Soutenu
Quelles sont tes marques préférées ?	Soutenu

Exercice 2.

Pour demander à quel moment...	Quand
Pour demander la cause ...	Pourquoi
Pour demander ce que Pierre préfère...	Que/lequel/laquelle...
Pour demander une date...	Quand/à quelle date
Pour demander le prix de...	Combien
Pour demander la distance...	A quelle distance
Pour demander le nom d'une personne...	Qui
Pour demander la matière utilisée pour un objet...	Avec quoi/en quoi
Pour demander le lieu de rendez-vous...	Où
Pour demander la largeur d'un tissu...	De quelle largeur/Quelle est la largeur
Pour demander l'itinéraire (à droite , à gauche...)	Par où
Pour demander un délai avant de donner une réponse	Jusqu'à quand

Exercice 3.

Qu'as-tu vu au cinéma... ? ou qu'est-ce que tu as vu au cinéma ? /A quelle heure arrive ... ?
Où à quelle heure est-ce que le train arrive ? /Comment as-tu trouvé... ? /Combien Paris
compte-t-il d'habitants ? ou Combien est-ce que l'on compte d'habitants à Paris ? /Que penses-
tu de cette histoire ? /Quand est-ce que Sophie part pour Strasbourg ? ou Quand Sophie part-
elle pour Strasbourg ? /Quelle est la hauteur de cette pièce ?

JOUER

Quand Véronique et Jean se rendront-ils à l'aéroport ? Qui se rendra à l'aéroport ? Que feront Véronique et Jean jeudi matin ? Où se rendront Véronique et Jean jeudi matin ? Pour quelle destination s'envoleront-ils ? Pour quelle raison s'envoleront-ils pour Tunis ?

REVISER

Non, il ne pleut plus - Le soleil revient après quelques gouttes de pluie./Oui s'il fait assez chaud. - Sur la table de la terrasse./Oui , très faim ! - Une grillade avec de la salade.

16. LE MODE PARTICIPE

Chemin faisant*, en longeant les bords du lac tout en bavardant avec mon ami Pierre arrivé la veille, nous avons rencontré un étudiant essoufflé, perdu dans les quartiers nord, nous suppliant de lui venir en aide !

1. COMPRENDRE

J'ai utilisé dans cette longue phrase de nombreux participes. Ce mode est en effet très utilisé. Vous l'avez déjà sûrement rencontré, je vous invite à le découvrir plus en détails.

Il comprend deux grands temps principaux :

1. Le participe présent et le gérondif.

Pour le former, conjuguer au présent avec « vous » et retirer la terminaison pour mettre « ant »

Exemple : vous chantez   chantant
                 Vous lisez   lisant

Quelques exceptions : « avoir » donne « ayant »/ être donne étant/faire donne faisant…
Il s'emploie pour remplacer un morceau de phrase.

Ex : au lieu de dire « les personnes qui possèdent un billet » on peut plus simplement dire « les personnes possédant un billet »
Au lieu de dire : « les jeunes qui ont le bac peuvent s'inscrire » on peut plus simplement dire « les jeunes ayant le bac … »

Le gérondif est un participe présent précédé de « en ». Il permet souvent de montrer que deux actions sont faites en même temps (simultanéité).

Ex : Elle chante en tricotant.   Il apprend en s'amusant.

Avec l'expression « tout en » on peut montrer la simultanéité comme ci-dessus (Elle se repose tout en écoutant de la musique) ou au contraire une opposition.

Ex : Cet enfant est attachant tout en étant parfois agaçant.

2.   Le participe passé

Sa formation est beaucoup plus variée que pour le paragraphe 1. Chaque groupe de conjugaison a une ou plusieurs formes de participes passés.

1° groupe	2° groupe	3° groupe					
é	i	i	is	t	u	ert	é
arrivé cassé étudié	fini muri grandi	dormi cueilli	mis appris	cuit écrit craint mort	bu battu eu plu	ouvert offert	allé né été

On voit ainsi que peu à peu il faudra ouvrir les manuels de conjugaison et s'efforcer de retenir en particulier les participes passés des verbes du 3° groupe. Pour ce 3° groupe justement , le verbe se modifie complète-ment

    Ex : pouvoir donne « pu »

Le participe passé suit des règles d'accord qui seront détaillées plus loin.

2. S'ENTRAINER

Exercice 1.

Donnez les participes présents des verbes suivants :

Pouvoir	
Venir	
Aller	
Donner	
Faire	
Devoir	
Envoyer	
Partir	

Exercice 2.

Remplacez le morceau de phrase avec « qui » par un participe présent :

Un élève qui travaille beaucoup doit réussir.	*Un élève travaillant beaucoup doit réussir.*
Les ouvriers qui commencent à 6h sont vite fatigués (pensez à la cédille ç).	
Un jeune qui écoute un concert trop fort peut devenir sourd.	
Les distributeurs qui ne donnent que des billets de 10€ sont rares.	

Exercice 3.

Trouvez avec l'aide du livre de conjugaison le participe passé des verbes suivants.

Peindre _un mur peint	(Tourner) du lait _____
(Voir) un film _____	(Croire) un mensonge _____
(Prendre) un objet _____	(Recevoir) un message _____
(Découvrir) un paysage _____	(Partir) un train _____
(Avaler) un sandwich _____	(Surprendre) un homme _____
(Lire) un texte _____	(Offrir) un cadeau _____
(Manger) un pain _____	(Faire) un travail _____

3. JOUER

Vous êtes principal (directeur) de collège et la rentrée approche ; vous allez préparer des pancartes utilisant le participe présent et le futur du verbe à conjuguer en ajoutant les déterminants ou autres petits mots nécessaires.

élèves / crier / couloir / recevoir (futur) / punition

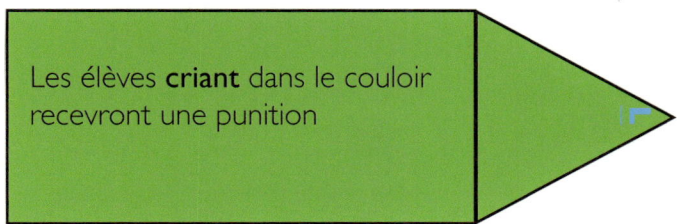

Les élèves **criant** dans le couloir recevront une punition

élèves / manger / cantine / posséder / casier

candidats / tricher / examen / être exclus / du collège

élèves / être intéressés / club photo / prévenir / surveillant

4.ENRICHIR SON VOCABULAIRE

Le sens de la vue, la lumière.

Je vois avec mes **yeux** (un œil ; des yeux) . Mes yeux sont protégés par des **cils** et des **paupières**.

En pleurant on verse des **larmes** fabriquées par les glandes lacrymales.

J'ai une **bonne** vue, je vois **bien.**

Je prends rendez-vous chez un **ophtalmologiste** pour faire examiner ma vue. Parfois celui-ci me « dilate » les **pupilles** (agrandit le trou au centre de l'œil grâce à des gouttes) pour mieux voir la **rétine** (fond de l'œil).

J'ai une **mauvaise** vue , je porte alors des **lunettes** ou des **lentilles** de contact. Sans mes lunettes je vois **mal** ou **flou.**

Si je vois **mal** , je peux être :

- **myope** (je vois mal de loin)
- **presbyte** (je vois mal de près)
- ou je peux avoir d'autres défauts comme la **cataracte** ou la D.M.L.A .en vieillissant par exemple.

Je dois **prendre soin** de mes yeux et les **protéger** du soleil l'été sur la plage et surtout l'hiver si je vais à la neige (aux sports d'hiver), avec des **lunettes de soleil.**

Certaines personnes sont atteintes de **daltonisme** et ont du mal à différencier les couleurs. Elles ne peuvent pas être pilotes ou conducteurs de trains.

Si je vois très mal, je suis **malvoyant** ou même **aveugle**. Dans ce cas je suis atteint de **cécité**. Beaucoup de diabétiques en sont atteints. Certains ont appris le Braille (langage des aveugles).

Mais on dit aussi : une **belle vue** sur la mer, une jolie vue sur le lac.

Quelques expressions indiquant la lumière :

Au **point du jour** le matin au lever du soleil

Il fait **grand jour**, il faut éteindre la lumière

Il fait sombre, il faut allumer la lumière

Au **crépuscule**, le soleil se couche.

Il fait nuit, c'est l'**obscurité**. A minuit, nous sommes plongés dans l'obscurité.

5. DIALOGUER

Deux personnes vont se contredire. L'un parle en utilisant des participes passés et le second lui répond par une phrase négative.

« La grille est ouverte
_Non elle n'est pas ouverte, elle est fermée !
_ La baignoire est vidée
_ Non, elle n'est pas vidée, elle est encore remplie d'eau !
….
….

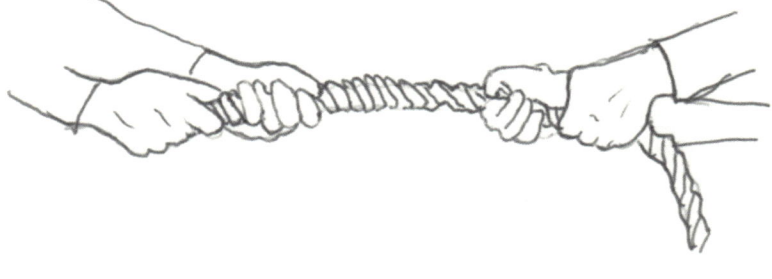

REVISER

Voici des réponses ; trouvez une question pouvant aboutir à ces réponses.

	Ma sœur ne le sait pas.
	A 18h
	Deux kilos d'oranges
	C'est Monsieur Durand.
	Le matin de bonne heure.
	Avec mon amie.

6. CORRECTION DU CHAPITRE

Exercice 1.

Pouvoir	Pouvant
Venir	Venant
Aller	Allant
Donner	Donnant
Faire	Faisant
Devoir	Devant
Envoyer	Envoyant
Partir	Partant

Exercice 2.

Un élève qui travaille beaucoup doit réussir.	*Un élève travaillant beaucoup doit réussir.*
Les ouvriers qui commencent à 6h sont vite fatigués (pensez à la cédille ç).	Les ouvriers commençant à 6h …
Un jeune qui écoute un concert trop fort peut devenir sourd.	Un jeune écoutant un concert….
Les distributeurs qui ne donnent que des billets de 10€ sont rares.	Les distributeurs ne donnant que des …

Exercice 3.

Vu ; pris, découvert ; avalé ; lu ; mangé ; tourné ; cru ; reçu ; parti ; surpris ; offert ; fait.

JOUER

Les élèves mangeant à la cantine posséderont un casier.
Les candidats trichant à un examen seront exclus du collège.
Les élèves étant intéressés par le club photo préviendront un surveillant.

REVISER

Est-ce que ta sœur sait que tu es malade ?
Quand as-tu rendez-vous ?
Qu'est-ce que je dois rapporter du marché ?
Comment s'appelle ton professeur ?
Quel est le meilleur moment pour peindre les volets ?
Avec qui vas-tu à la piscine ?

Mon fiancé et moi avons choisi de passer les fêtes de fin d'année à Paris. C'est le moment et le lieu que nous avons trouvé pour prendre la décision de nous marier cette année. Depuis plusieurs semaines, nous avions mûrement réfléchi. Quand nous aurons avancé tous nos prépa_ratifs, nous enverrons les faire-part.

1. COMPRENDRE

Vous remarquez en caractère gras des temps composés de deux verbes. Ils s'emploient pour des actions qui se sont déroulées avant d'autres actions. Les temps composés sont directement en rapport avec les temps simples correspondants :

_ présent et **passé composé**
J'ai fini mon travail et je peux regarder un film maintenant.

_ imparfait et **plus-que –parfait**
Chaque soir, quand **j'avais fini** mon travail, je regardais la télévision.

_ futur simple et **futur antérieur**
Quand **nous aurons fini**, nous regarderons un film.

Le quatrième temps n'est employé que dans la langue écrite soutenue, nous le laissons volontairement de côté. Deux éléments les composent :

• Un auxiliaire : avoir ou être conjugué à un temps simple
• Un participe passé

Voici le verbe « jeter » qui se conjugue avec l'auxiliaire avoir.

	Plus-que parfait	Passé composé	Futur antérieur
structure	Auxiliaire « avoir » à l'imparfait + participe passé « jeté»	Auxiliaire « avoir » au présent + participe passé …	Auxiliaire « avoir » au futur + participe passé …
conjugaison	J'avais jeté Tu avais jeté Il avait jeté Nous avions jeté Vous aviez jeté Ils avaient jeté	J'ai jeté Tu as jeté Il a jeté Nous avons jeté Vous avez jeté Ils ont jeté	J'aurai jeté Tu auras jeté Il aura jeté Nous aurons jeté Vous aurez jeté Ils auront jeté

Mais quelques verbes se conjuguent avec l'auxiliaire être. Les voici :

Venir/revenir/arriver/entrer/aller/retourner Partir/sortir/rester/passer par…	Naître/mourir Monter/descendre/tomber

Au plus-que parfait : j'étais tombé

Au passé composé : je suis tombé

Au futur antérieur : je serai tombé

Les participes passés des temps composés avec l'auxiliaire être sont accordés selon les règles données au prochain chapitre.

Cas des phrases négatives : **Les adverbes de négation et quelques pronoms se « glissent » entre l'auxiliaire et le participe.**

Exemple : Il n'a pas signé le papier. Nous n'avons rien trouvé. Mais ils n'ont trouvé personne (le pronom « personne » est long et reste placé à la fin.)

2. S'ENTRAINER

Exercice 1.

Indiquez en abrégé le temps composé des phrases suivantes : P-Q-P ou   P C   ou   F A

- Il a plu toute la nuit. _____
- Ils auront terminé leurs travaux._____
- Nous n'avions rien mis sur la tête._____
- Vous aviez emporté les parapluies._____
- Je vous ai téléphoné plusieurs fois._____
- Elle est montée en voiture._____
- Tu seras déjà reparti._____
- Elles ont tout taché !_____
- Tu avais parlé de partir en vacances._____

Exercice 2.

Conjuguez aux trois temps composés le verbe copier.

	Plus-que parfait	Passé composé	Futur antérieur
J'			
Tu			
Il			
Nous			
Vous			
Ils			

Exercice 3.

Ces phrases sont au passé composé ; mettez-les au plus-que-parfait :

1. Pierre a déjà dîné._____
2. Il est mort subitement._____
3. Tu as promis de ne rien dire._____
4. Vous avez dansé toute la nuit._____
5. Je suis né avant Camille._____

3. JOUER

Expression écrite sur une *illustration* type bande dessinée présentant des actions commençant par «il a...»

Utilisez le passé composé pour dire ce que …a fait.
Ex : Il a …... il a …...il est....il s'est....

_____
_____
_____
_____

4.ENRICHIR SON VOCABULAIRE

Le lycée et le baccalauréat

A 15 ans en moyenne, les élèves entrent au lycée et ceci, pour une période minimale de trois ans. Deux types de lycées se présentent à eux ;

- **Le lycée général et technologique** : il propose une année de **seconde** avec beaucoup de matières étudiées. Les élèves choisissent cependant quelques **options** c'est-à-dire des matières de leur choix : économie, troisième langue étrangère, sport, technologie, sciences de l'ingénieur, sciences sanitaires et sociales…

Puis vient la classe de **première** avec encore de nombreuses matières (français, langues, histoire géographie, sport) mais le choix des matières dominantes est fait . Par exemple la **filière scientifique** (maths, physique et chimie, biologie) la **filière technologique** (génie électrique , électrotechnique, gestion comptable et secrétariat, sanitaire et sociale…) **la filière littéraire** (philosophie, langues vivantes, littérature française) la **filière économique** (sciences économiques). A la fin de cette classe se déroulent quelques épreuves du bac pour **alléger** la dernière année. (français , histoire ou biologie).

Enfin la classe appelée **terminale** est une classe très chargée qui s'achève avec les épreuves du **baccalauréat**, premier diplôme universitaire qui permet d'entrer en **faculté**. Les candidats sont bien souvent **épuisés** en mai et juin et très angoissés (on dit stressés souvent) car ils doivent être prêts pour les épreuves de philosophie, maths, physique, biologie ou histoire, géographie, deux langues vivantes , et leur matière optionnelle ! Heureusement les épreuves de sport se déroulent tout au long de l'année et pas seulement en juin.

- **Le lycée professionnel** qui offre un très grand nombre de « bacs pros » comme par exemple : hôtellerie, horticulture, comptabilité, secrétariat, stylisme, matières souples, menuiserie…Les élèves partagent leur temps entre les matières générales habituelles et de nombreuses heures professionnelles. Leurs semaines sont donc très chargées.

Tous les lycéens subissent le **contrôle continu** : on relève les notes de tous les **contrôles** (tests) des **exposés**, et de comportement. Ces notes vont permettre au **jury de professeurs** de mieux débattre dans le cas où les résultats de juin seraient insuffisants. Lorsque le candidat obtient 10 sur 20, il est reçu avec la mention passable ; à 12/20 la mention assez bien ; puis bien et même très bien (16/20 et plus).

Lorsque sa moyenne est entre 8 et 10 il tente deux **épreuves de rattrapage** dans les matières qui pourraient lui rapporter le plus de points. Avec les conseils de ses professeurs il a quelques minutes pour se décider et choisir de repasser un oral dans deux matières. Cela peut lui permettre d'obtenir son bac. Sinon il devra **redoubler** sa terminale et verse souvent des larmes en voyant tous ses autres camarades **sauter de joie** devant leurs **résultats.**

5. DIALOGUER

1.   Avec un autre étudiant vous allez parler des petits événements de votre enfance ou de votre adolescence en employant de nombreux verbes au plus-que parfait

« Je me souviens maintenant, j'avais reçu une tape parce que j'avais …..
_ oui moi aussi , mon père m'avait grondé parce que j'avais …..
_ et moi quand j'avait fait une bêtise ….
_ …

2.   Complétez oralement avec des verbes au futur antérieur.

Quand le soleil se sera couché , j'aurai déjà rangé ma chambre , j'aurai…..
Ou tu auras …. Et tu auras ….
Ou il aura ….et il aura ….

REVISER

Inscris les verbes données dans la phrase , le premier au gérondif , le second au passé composé.

(chanter ; il ; réveiller sa sœur)*En chantant il a réveillé sa sœur.*

(courir ; Luc ; tomber) _____
_____

(Jouer ; Pierre ; renverser ; bol)_____
_____

(étudier ; élèves ; réussir ; bac) _____
_____

(bavarder ; mon père ; finir ; café) _____
_____

6. CORRECTION DU CHAPITRE

P C / F A / P-Q-P / P-Q-P / P C / P C / F A / P C / P-Q-P

Exercice 2.

Plus-que parfait	Passé composé	Futur antérieur
J'avais copié	J'ai copié	J'aurai copié
Tu avais copié	Tu as copié	Tu auras copié
Il avait copié	Il a copié	Il aura copié
Nous avions copié	Nous avons copié	Nous aurons copié
Vous aviez copié	Vous avez copié	Vous aurez copié
Ils avaient copié	Ils ont copié	Ils auront copié

Exercice 3.

1. Pierre avait déjà dîné.
2. Il était mort subitement.
3. Tu avais promis de ne rien dire.
4. Vous aviez dansé toute la nuit.
5. J'étais né avant Camille.

JOUER

1 : Il a entendu le réveil / Il s'est réveillé à huit heures.
2 : Il a pris sa douche / Il s'est lavé.
3 : Il a pris son petit déjeuner.
4 : Il a quitté son appartement / Il est sorti dans la rue
5 : Il a travaillé.
6 : Il a regagné son appartement / Il est rentré chez lui.
7 : Il a dîné.
8 : Il a regardé la télé.
9 : Il a dormi / Il s'est endormi.

REVISER

En courant Luc est tombé. En jouant Pierre a renversé le bol.
En étudiant les élèves ont réussi leur bac. En bavardant mon père a fini son café.

18. RÈGLES D'ACCORD DES PARTICIPES

Dans la vie , il est préférable de tomber d'accord* sur différentes choses. Cela améliore les relations avec les gens. C'est bien ce que nous nous sommes dit avec mon fiancé. Nous sommes bien d'accord sur plusieurs points importants de notre avenir, même si nous ne partageons pas les mêmes goûts dans tous les domaines. Pour <u>certains participes passés</u> , l'accord est aussi indispensable…comme pour nous les humains !

1. COMPRENDRE

A.   Les participes présents et les gérondifs sont invariables.

Ex : **Les vacanciers choisissant** de partir à la mer, ont besoin de serviettes de plage.

B.   Les participes passés s'accordent dans certains cas. Il faut donc détailler les différentes situations

1.   Quand ils sont employés comme des adjectifs, ils s'accordent toujours avec le nom.

Ex : **Les volets repeints** ne s'abîmeront plus.

2.   Quand ils sont employés avec l'auxiliaire être , ils s'accordent toujours avec le sujet.

Ex : Des trésors sont **découverts** chaque année dans le golfe.
    Elle est **partie**…
    Des fleurs sont **cueillies** chaque matin…

3.   Quand ils sont employés avec l'auxiliaire avoir, ils s'accordent parfois. Jamais avec le sujet , parfois avec le complément d'objet direct.

Il faut d'abord repérer le verbe et chercher un COD (complément d'objet direct qui répond à la question qui ? ou quoi ?). Si un COD est placé avant le verbe, on accorde le participe avec ce COD. Sinon aucun accord.

Etudions plusieurs exemples pour mieux comprendre cette délicate règle.

Dorothée a beaucoup souffert.

Verbe ? a souffert
COD ? Il n'y en a pas. Pas de COD, aucun accord.

Elle a lavé les salades.

Verbe : a lavé
A lavé quoi ? « les salades » placées après le verbe. Pas d'accord avec ce COD.

Cette robe, je l'ai achetée à Londres.

Verbe : ai achetée
Ai achetée quoi ? « l' » remplaçant « cette robe » COD placé avant le verbe. ACCORD avec le COD (féminin singulier) puisqu'au moment où l'on écrit le participe , on sait de quoi il s'agit. (de la robe)

La tarte que j'ai faite est aux poires.

Verbe : ai faite
Ai faite quoi ? « que » remplaçant « la tarte ». « Faite » s'accorde avec le COD « que » mis pour un féminin singulier(tarte).
Mais : Elle a fait une tarte aux poires. Le COD est après le verbe. Aucun accord.

2. S'ENTRAINER

Exercice 1.

Mettez les terminaisons des participes passés <u>si cela est nécessaire</u>.

Patricia était sorti_____.
Les jumeaux sont né_____ au mois d'octobre.
Mon frère est entré_____ dans l'armée.
Mes sœurs sont allé_____ à l'école du village.
Sophie est resté_____ au lit toute la journée.
Charles sera descendu_____ du sommet avant 18h.

Exercice 2.

Complétez le tableau afin de suivre la démarche qui permet de réfléchir aux accords avec l'auxiliaire avoir.
Observez les modèles et retenez bien cette démarche.

	COD ?quoi ou qui ?	Si oui , placé où ?	Accord ?
Les musiciens ont joué____.	*non*		*non*
La feuille que Jean a coloré_ (?_)__	*que (feuille)*	*Avant le verbe*	*colorée*
J'ai acheté_____ des tomates. Je les ai mis_____ dans le frigo.			
Les fleurs avaient coloré_____ le jardin.			
Charlotte a couru_____ très vite.			
Les candidats auront terminé_____ leur épreuve.			
Laura que j'avais rencontré_____ à la piscine a perdu____ sa chatte.			
Ils auront tout fini_____.			
Pierre avait travaillé_____ dur son entrée à Sciences po. Il l'a réussi_____.			

Exercice 3.

Formez des phrases négatives au passé composé avec le sujet pluriel « vous ».

(rien faire) *Vous n'avez rien fait.*
(n' pas /terminer)_____
(n' trouver/aucune solution)_____
(n' rencontrer/personne)_____
(ne pas / partir _____

3. JOUER

Formez tout d'abord les participes passés des verbes suivants et en observant leur nombre de lettres replacez-les dans la grille.

Offrir_____

Ouvrir _____

Aller _____

Réjouir _____

Exécuter _____

Tenir _____

Fabriquer _____

Cuire _____

Dire _____

Bondir _____

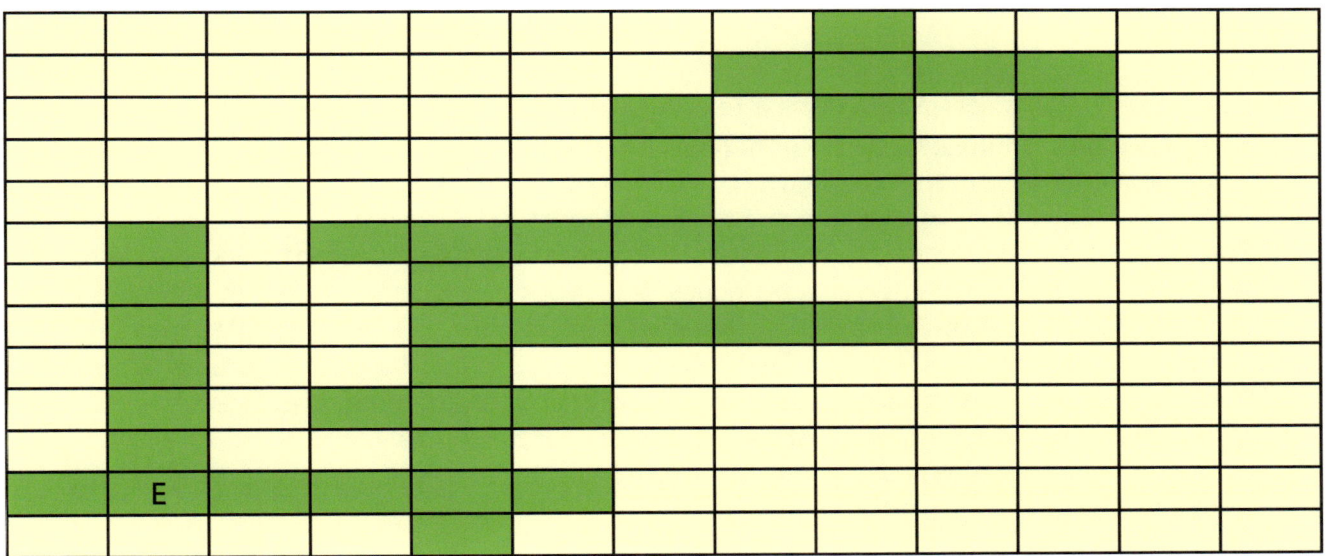

4.ENRICHIR SON VOCABULAIRE

Les loisirs.

Les loisirs ont une place de plus en plus grande aujourd'hui. En effet les habitations sont **équipées** de tout ce qui permet d'aller vite pour les tâches ménagères (lave-vaisselle, lave-linge ; aspirateur, centrale de repassage…); les salariés prennent de plus en plus de jours de vacances ou de « RTT» (réduction du temps de travail) ; les écoliers passent moins de temps en classe qu'autrefois et ont aussi moins de leçons et de devoirs.

Chacun peut donc avoir des loisirs. Ceux-ci **se déroulent** à la maison ou à l'extérieur.

A la maison on pense tout de suite à la télévision avec les chaînes hertziennes en haute définition (HD), et si l'on a pris un **abonnement** supplémentaire des chaînes venant par le **câble** ou le **satellite** ou des **chaînes privées** à l'aide d'une parabole. L'ordinateur permet de faire de nombreux jeux et d'aller sur Internet, ce qui occupe les familles durant des heures. La lecture et les jeux de société ont également leur place et les enfants ont des jouets de toutes sortes de plus en plus **coûteux** parce que **perfectionnés**. Pour ceux qui ont la chance d'avoir un jardin, celui-ci offre de nombreuses possibilités d'activités de jardinage, de jeux, de repos tout simplement avec un bon livre.

Beaucoup de loisirs sont aussi offerts à l'extérieur dans deux grands domaines : le sport et les arts. <u>**Rares sont les enfants qui**</u> ne **pratiquent** pas un sport en dehors de l'école (foot, basket, hand, natation, athlétisme, gymnastique, tennis, tennis de table, judo, karaté, boxe…) Les adultes également **fréquentent** les gymnases et les salles de sport.
<u>**Pour ce qui concerne**</u>* les arts , **les centres culturels** se multiplient , offrant des cours de musique , danse , théâtre , photo , arts plastiques, patchwork et broderie, vitrines en miniature ou scrapbooking (un mot pas très français comme vous pouvez le voir !)…Les mois de juin donnent l'occasion d'avoir des soirées et des week-ends très chargés car chaque membre de la famille participe à des **démonstrations , galas** , concerts ou expositions pour **clôturer** l'année.
      Tous ces loisirs sont très **enrichissants**, souvent coûteux mais il ne doivent pas empêcher les familles de prendre un peu de temps pour être ensemble et même pourquoi pas, ne rien faire pendant un petit moment.

5. DIALOGUER

Vous revenez juste de vacances et vous racontez ce que vous avez fait au passé composé.

« J'ai dansé à la fête
_ Moi j'ai rencontré une star de cinéma
_ Qui as-tu vu ?
_......
_ J'ai bu une bolée de cidre et j'ai mangé des crêpes bretonnes.
_ Moi j'ai ......
_......
_ ......

REVISER

Soulignez les participes présents et les gérondifs ; encadrez les participes passés.

En jetant bêtement son ballon par-dessus le mur, mon fils l'a perdu. En effet un chien d'attaque l'a pris et l'a croqué. Je m'en suis aperçu en regardant par la fenêtre. J'ai attendu un moment. Je suis allé sonner en tremblant. Le voisin m'a ouvert tranquillement mais n'a pas pu le faire sortir de la gueule du chien. Celui-ci grondant très fort, je suis reparti tout dépité*.

6. CORRECTION DU CHAPITRE

Exercice 1.

Sortie/nés/entré/allées/restée/descendu

Exercice 2.

	COD ?quoi ou qui ?	Si oui , placé où ?	Accord ?
Les musiciens ont joué_____.	*non*		*non*
La feuille que Jean a coloré_ (?_)__	*que (feuille)*	*avant le verbe*	*colorée*
J'ai acheté_____ des tomates.	Des tomates	après le verbe	Acheté
Je les ai mis_____ dans le frigo.	les	avant	mises
Les fleurs avaient coloré_____ le jardin.	Le jardin	après	coloré
Charlotte a couru_____ très vite.	non		couru
Les candidats auront terminé_____ leur épreuve.	leur épreuve	après	terminé
Laura que j'avais rencontré_____ à la piscine a perdu____ sa chatte.	Que (remplace Laura) sa chatte	avant le verbe après le verbe	rencontrée perdu
Ils auront tout fini_____.	tout	avant	fini car tout est masculin singulier
Pierre avait travaillé_____ dur son en-trée à Sciences po. Il l'a réussi_____.	Son entrée L'	après avant	travaillé réussie

Exercice 3.

Vous n'avez pas terminé. Vous n'avez trouvé aucune solution. Vous n'avez rencontré personne. Vous n'êtes pas partis.

JOUER

Verticalement on place : exécuté/fabriqué/allé/ouvert/tenu
Horizontalement on place : cuit/offert/bondi/dit/réjoui

En **jetant** bêtement son ballon par-dessus le mur, mon fils l'a perdu. En effet un chien d'attaque l'a pris et l'a croqué. Je m'en suis aperçu **en regardant** par la fenêtre. J'ai attendu un moment. Je suis allé sonner **en tremblant**. Le voisin m'a ouvert tranquillement mais n'a pas pu le faire sortir de la gueule du chien. Celui-ci **grondant** très fort, je suis reparti tout dépité. *

19. LES ATTRIBUTS

A 28 ans je suis encore <u>jeune</u>, plutôt <u>mince</u> et <u>pleine d'énergie</u>. Ma meilleure amie est <u>japonaise</u> . Elle paraît <u>avoir 20 ans</u> mais elle en a 25 ! Elle a l'air <u>timide</u> mais quand on la connaît mieux c'est <u>un vrai petit clown</u> !

I. COMPRENDRE

Certains verbes ont des attributs du sujet ou du COD. Ces attributs sont des adjectifs, des groupes no-minaux, éventuellement des verbes à l'infinitif. On ne peut les supprimer sinon la phrase n'a pas de sens. Essayez de supprimer tous les mots soulignés du petit texte ci-dessus et vous me croirez !

Voici une liste de ces verbes :

Etre	paraître	devenir	trouver	demeurer	avoir l'air	rester
Sembler	juger			...		

Les attributs du sujet apportent une information complémentaire sur le sujet.

> Patrick est **très savant** mais malgré tout il reste **simple**.
> Jonathan a l'air d'**un vagabond**.
> Mickaël est toujours **aussi sans-gêne***.
> Ces fruits paraissent **pourris**.
> Les enfants des voisins deviennent **vraiment grands**.

Les attributs du complément d'objet apportent une information complémentaire sur ce COD.

> Il <u>me</u> juge **trop sévère**.
> J'aime Sarah mais je <u>la</u> trouve **un peu excitée**.

Accord des attributs.

Les attributs s'accordent avec les noms auxquels ils se rapportent.

Dans les exemples ci-dessus « savant » et « simple » s'accordent avec Patrick masculin singulier ;
« pourris » s'accorde avec « fruits » masculin pluriel ; « excitée » s'accorde avec « la » féminin singulier.

2. S'ENTRAINER

Exercice 1.

Encadrez les attributs après avoir vérifié que le verbe fait partie de la boîte ci-dessus. (sinon ce n'est pas un attribut)

Ce catalogue est un véritable livre !
Chloé était très gentille quand elle était enfant..
Sylvie demeure un peu folle malgré son âge.
Ce vieux monsieur aime son chien.
Il paraît bien triste depuis quelques temps.
Pierre offre du chocolat à son ami.
Tes parents semblent perdus dans cette foule.
Ce moustique a l'air excité !

Exercice 2.

Complétez ces phrases par un attribut accordé correctement si nécessaire

1.   Le mari de Nadia est_____
2.   Madame Dupont est _____
3.   Mon père paraît _____
4.   Les enfants sont toujours _____
5.   Les ordinateurs portables restent _____
6.   Les adolescents deviennent _____
7.   Les livres ont l'air _____
8.   Alex semble _____
9.   Les raisons de cet acte demeurent _____
10.   Cette femme paraît _____

3. JOUER

Faites des phrases avec les trois boîtes ci-dessous

Marcel

Tu

Nous

Ma mère

sembler   être

devenir   paraître

une belle jeune fille

fatigués   sérieux

optimistes

_____

_____

_____

_____

_____

4.ENRICHIR SON VOCABULAIRE

Les sentiments

Les heureux	Les malheureux
Etre heureux c'est connaître le **bonheur**. Cela peut se voir par un sourire, **un éclat de rire**…La personne laisse éclater sa joie, sa **gaieté**. On prend plaisir à fréquenter les gens heureux car ils sont très sympathiques et **transmettent** leur **joie**. Ils sont toujours de bonne humeur, contents, gais, souriants et **satisfaits**. Ils aiment **plaisanter** et ont de **l'humour**. Ils voient la vie « en rose ». On **s'entend bien** avec eux.	Les gens malheureux sont tristes, **déçus**, parfois **désespérés** et **angoissés**. Il est plutôt déplaisant de les rencontrer car ils ne cessent de **se plaindre** ou de **se lamenter**. Ils disent qu'ils n'ont pas de chance et sont toujours de mauvaise humeur. Parfois ils éclatent en **sanglots** et ont des crises de **larmes** qu'on ne sait pas comment arrêter. Leurs proches cherchent à leur remonter le **moral*** mais **en vain**. Parfois ils ont un comportement **agressif** et font des histoires pour un rien. Ils voient la vie en noir et ont besoin d'être **consolés**.

Les confiants	Les peureux
Ils font trop confiance aux autres , **se fient** aux **conseils** des autres mais doivent faire attention de ne pas être pour autant trop **influençables**. Ils osent. Ils font parfois trop confiance en eux-mêmes et **se vantent** de savoir tout faire . Ils sont assez **tolérants** puisqu'ils préfèrent voir les **qualités** de quelqu'un plutôt que ses **défauts**. Ils **respectent** les autres et parfois aussi les **admirent**. Ils sont **optimistes**.	Ils se sentent **apeurés** , trop timides , **impuissants** , n'osent rien **entreprendre** et n'ont pas de **maîtrise d'eux-mêmes**. Ils ont tendance à **s'affoler** . Ils se tracassent à propos de tout et perdent leur **sang-froid*** dans des situations graves. La **crainte** les envahit quand ce n'est pas même une vraie **panique**. Ils ne se fient à personne car ils pensent que tout le monde est comme eux. Ils semblent **terrifiés** par toutes sortes de situations que d'autres trouveraient **banales**. Ils sont **pessimistes**.

Mais il existe en fait un nombre bien plus grand de sentiments comme par exemple : la colère , la fierté, la jalousie, l'envie, l'amour, l'amitié…

5. DIALOGUER

Utilisez à la fois des attributs et le vocabulaire des sentiments pour parler de vous avec un autre étudiant.

« Je suis plutôt tolérant mais toi , tu ne l'es pas.
_ Peut-être mais moi je suis optimiste et toi tu es pessimiste….
_ Non, je ne suis pas malheureux même si j'ai souvent l'air triste…..
_……
_……

REVISER

Accordez les participes selon les règles étudiées.

Elle a couru_____ toute la journée.
Ces tulipes ? Nous les avons acheté_____ il y a deux jours !
Les bandits arrêté_____seront emprisonné_____.
Les gâteaux que mes amis ont apporté_____ sont délicieux.
Les serviettes ;, nous les avions déjà repassé_____.

6. CORRECTION DU CHAPITRE

Exercice 1.

Ce catalogue est un véritable livre !
Chloé était très gentille quand elle était enfant.
Sylvie demeure un peu folle malgré son âge.
Ce vieux monsieur aime son chien.
Il paraît bien triste depuis quelques temps.
Pierre offre du chocolat à son ami.
Tes parents semblent perdus dans cette foule.
Ce moustique a l'air excité !

Exercice 2. (Beaucoup de réponses sont possibles).

un homme remarquable ; infirmière ; troublé ; bruyants ; chers ; pénibles ; abîmés ;
rêveur ; inconnues ; sympathique.

JOUER

Marcel semble sérieux. Tu deviens optimiste. Nous sommes fatigués. Ma mère était une belle jeune fille.

REVISER

Couru / achetées / arrêtés / emprisonnés / apportés / repassées

20. LES COMPARAISONS

J'ai rencontré pas plus tard qu'hier mes cousines Sophie et Chloé dans le jardin du musée des Beaux-Arts. Elles sont jumelles mais heureusement on peut tout de même les différencier ! L'une est un tout petit peu plus grande que l'autre, l'une est moins timide que sa sœur….Pour les comparer, il faut tout de même les observer attentivement !

I. COMPRENDRE

Pour comparer les choses on utilise des outils :

- Des verbes : il ressemble à …..il a l'air de …..
- des prépositions ou des conjonctions : il est comme….il est tel que….
- Des adjectifs associés à des adverbes : plus que…moins que… ; autant que…

	Pour exprimer la supériorité	Pour exprimer l'égalité et la similitude	Pour exprimer l'infériorité
Structure	Structure : PLUS + Adjectif + QUE	AUSSI : adjectif QUE AUTANT QUE : la même quantité que COMME : pareil à, tel que, semblable à	MOINS QUE PAS AUSSI + adjectif + QUE PAS AUTANT QUE
Exemples	Ton visage est plus carré que le mien (prononcer « plu ») Patrice est plus grand que Thomas. Les trains sont plus rapides que les voitures.	Elle est aussi belle que sa mère. La fille du boulanger est semblable à sa voisine. Les conditions sont les mêmes pour toi que pour moi.	Carole est moins égoïste que sa jumelle. Jules n'est pas aussi attentif que son voisin. Cet homme ne joue pas autant que moi au tennis.
Exceptions	meilleur (pour l'adjectif « bon ») mieux (pour l'adjectif « bien ») Ex : Ton dessert est meilleur que le mien. Mon travail est mieux que le tien.		pire (pour mal) Ex : Sa coupe de cheveux est pire que la mienne.

Les pronoms personnels utilisés à la fin des comparaisons ne sont pas « je , tu , il… » mais moi , toi , lui , elle , nous , vous , eux.

Ex : Nous nous promenons autant qu'eux ; tu avances aussi vite que lui.

2. S'ENTRAINER

Exercice 1.

Voici des outils de comparaison ; classez-les dans le tableau.

Autant que / plus que / pas aussi que.../ ...comme / pareil à / aussi que / le même que / encore plus que / moins que / pas autant que

supériorité	égalité	infériorité

Exercice 2.

En utilisant le symbole proposé (+ - ou =) faites des comparaisons comme vous le voulez.

Ma maison ; la tienne ; grande (+)

_____

Tes parents ; les miens ; âgés (-)

_____

Ton vélo ; celui de Carole ; haut (=)

_____

Ce pain-ci ; ce pain-là ; doré (+)

_____

Mes cheveux ; les siens ; longs (=)

_____

Paul ; Jacques ; sympa (-)

_____

Ce cahier ; celui de Christine ; épais (+)

_____

Exercice 3.

Inventez des phrases exprimant l'égalité en variant les outils.

Ex : Tu lis autant que moi.

_____
_____
_____
_____

3. JOUER

Les poupées russes sont :

De plus en plus petites ou de moins en moins grandes !

De plus en plus grandes ou de moins en moins petites !

A vous de trouver des objets ou des personnes pour lesquels ces phrases sont possibles. Les planètes sont de plus en plus éloignées du soleil…les jours sont de moins en moins longs…..

4.ENRICHIR SON VOCABULAIRE

Les institutions françaises et les formalités administratives

La France est une **république**. A sa tête se trouve un **président** de la république , **un gouverne-ment** c'est-à-dire un ensemble de **ministres** choisis par le premier ministre avec l'accord du président, chacun ayant la responsabilité d'un domaine (les finances, l'armée, l'éducation, la recherche, le budget, les affaires étrangères, la santé et le sport….). Puis pour voter les **lois**, nous avons deux grandes assemblées avec des représentants élus :

_la **chambre des députés** avec plusieurs députés élus par département

_le **sénat** avec des sénateurs élus par cantons.

Les débats ont lieu à Paris.

Pour la **justice** nous avons différentes sortes de **tribunaux** selon le type d'événements à juger. (tribunal d'instance , cours d'appel, tribunal pour mineurs, conseil de prudhommes,…)

Chaque **département** est dirigé par un **préfet** nommé par le président et chaque ville appelée aussi **commune** est dirigée par un **maire** élu par les habitants. Pour être **électeur**, c'est-à-dire pour pouvoir voter, il faut avoir 18 ans et être inscrit sur les **listes électorales**. Au moment d'une élection, on s'informe dans la presse, à la radio ou à la télé de la **campagne électorale** des différents **candidats**, on se déplace dans une mairie ou une école et on dépose dans **l'urne** le **bulletin** de son choix. La **carte d'identité** et la **carte d'électeur** sont indispensables.

Chaque naissance, chaque **décès** sont enregistrés dans les mairies et les mariages y sont célébrés Les nouveaux mariés reçoivent un **livret de famille** et on leur rappelle les **droits** et les **devoirs** familiaux.

Tous les adultes qui ne sont pas à la charge de quelqu'un* doivent **déclarer leurs revenus** à l'inspection des impôts une fois par an. (Il est possible et même conseillé de le faire sur internet.) Parmi eux certains sont **non-imposables** et ne paieront rien, d'autres sont **imposables** et devront payer un impôt sur les revenus de l'année **précédente**. Ils choisissent de payer en trois fois (février, mai et septembre) ou en dix fois par mensualités de janvier à octobre. De plus, chaque habitation est imposée (on parle de **taxes locales**) une par tous les habitants _ **la taxe d'habitation** _ et l'autre seulement par les propriétaires _ **la taxe foncière**.

5. DIALOGUER

Vous allez vous comparer à un autre étudiant.

« Je n'ai pas les yeux aussi sombres que toi.
_ C'est vrai mais tes cheveux sont plus foncés que les miens…
_····
_····

REVISER

Cet exercice de révision concerne à la fois le chapitre 13 et le chapitre 19.
Remplacez le sujet par un pronom possessif puis terminer la phrase avec un attribut.

Notre vélo est _____, leur mobylette est _____
Le nôtre est vert, la leur est rouge.

Ma sœur paraît …, ta sœur paraît …

_____

Ses fleurs sont…, mes fleurs sont …

_____

Ton portable semble …, mon portable semble …

_____

6. CORRECTION DU CHAPITRE

supériorité	égalité	infériorité
Plus que Encore plus que	Autant que Comme Pareil à Aussi …que Le même que	Pas aussi…que Moins que Pas autant que

Exercice 2.

Deux solutions sont parfois possibles, cela dépend de l'ordre choisi.

Ma maison est plus grande que la tienne. (On ne peut pas dire : la tienne est plus grande que ma maison mais éventuellement « ta maison est plus grande que la mienne »)
Le pronom arrive toujours en deuxième place.

Tes parents sont moins âgés que les miens. Ton vélo est aussi haut que celui de Carole.

Ce pain-ci est plus doré que ce pain-là. Mes cheveux sont aussi longs que les siens.

Paul est moins sympa que Jacques. Ce cahier est plus épais que celui de Christine.

Exercice 3.

Par exemple : Ton stylo est rouge comme le mien. C'est exactement le même que le mien. Il y a autant d'encre dans le tien que dans le mien. Il a coûté aussi cher que le mien.

JOUER

Les enfants deviennent de plus en plus grands.
Les cheveux deviennent de plus en plus blancs.
Les oreilles entendent de moins en moins bien.

REVISER

La mienne paraît gaie, la tienne paraît triste.
Les siennes sont encore belles, les miennes sont fanées.
Le mien semble neuf, le tien semble usagé.

21. LE PRÉSENT DU MODE SUBJONCTIF

Me voilà en plein doute* ! On annonce un très gros orage sur Bordeaux…Je n'ose plus sortir aujourd'hui de peur qu'il ne <u>pleuve</u> très fort…je voudrais que l'orage annoncé <u>soit</u> déjà passé…Je crains que la foudre ne <u>tombe</u> sur notre toit et que tous les appareils électriques (télé, ordinateur..) ne <u>soient</u> détruits ou endommagés.

1. COMPRENDRE

Le mode subjonctif est utilisé principalement pour exprimer :

- Un souhait   je voudrais que tu ailles à la cave.
- Un ordre ou une interdiction   Que personne ne soit en retard !
- Une crainte   Je crains que tu n'aies froid dans ce courant d'air !
- Une obligation   Il faut que vous alliez chercher dans les placards.
- Après certaines conjonctions de subordination : pour que ; afin que ; bien que ; à condition que… Bien qu'il pleuve, je sortirai quand même.
- Pour compléter un superlatif (voir chapitre 22)

<u>Sa formation :</u>

Observez bien les cinq phrases données ci-dessus. Ne retrouvez-vous pas un petit mot de trois lettres… toujours le même ? ………………C'est le « que ». Il est toujours présent dans le subjonctif. Mais attention, ce mot n'est pas toujours suivi du subjonctif !

Ex : La table que j'ai achetée est grande.

On prend la partie principale du présent de l'indicatif et on y ajoute les terminaisons suivantes :
e / es / e / ions / iez / ent

arriver	finir	croire
Que j'arrive	Que je finisse	Que je croie
Que tu arrives	Que tu finisses	Que tu croies
Qu'il arrive	Qu'il finisse	Qu'il croie
Que nous arrivions	Que nous finissions	Que nous croyions
Que vous arriviez	Que vous finissiez	Que vous croyiez
Qu'ils arrivent	Qu'ils finissent	Qu'ils croient

Mais comme toujours il y a beaucoup d'exceptions ; le livre de conjugaison vous sera bien utile. Vous y trouverez :

Aller ; que j'aille   être ; que je sois   avoir ; que j'aie , qu'il ait…
        Prendre ; que je prenne   faire ; que je fasse ….

2. S'ENTRAINER

Exercice 1.

Complétez les phrases en mettant le verbe au subjonctif présent avec l'aide du livre de conjugaison.

(être) je ne pense pas qu'il _____ là.

(aller) Ma mère craint que tu t'en _____.

(prévenir) Il a peur que Pierre ne _____ les pompiers.

(partir) Il faut que je _____ de bonne heure.

(tendre) Je voudrais que tu _____ ton bras.

(vouloir) Tout ira bien à condition qu'elle _____ bien t'aider.

(voir) Il faut absolument qu'un garagiste _____ ta moto.

(avoir) Je souhaite que tu _____ raison.

(demeurer) Je ne pense pas que nous _____ longtemps ici.

(peindre) Il faut que quelqu'un _____ cette barrière.

Exercice 2.

Remplacez « nous » par « je » et faire les transformations nécessaires.

Que nous sachions ce poème _____que je_____

Que nous partagions ce gâteau _____

Que nous fassions nos devoirs _____

Que nous reprenions le même train qu'hier _____

Bien que nous soyons en retard _____

Jusqu'à ce que nous réussissions_____

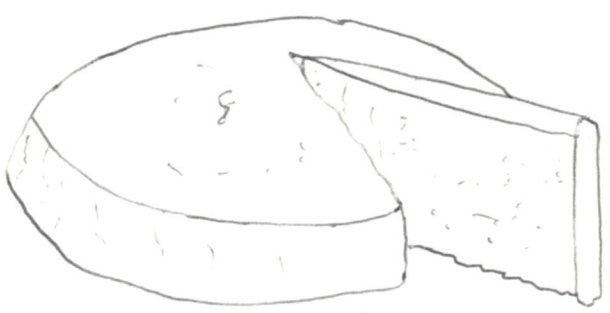

3. JOUER

Dans le texte suivant les phrases ont été mises dans le désordre. A vous de mettre des numéros de 1 à 7 pour que l'ensemble soit bien ordonné. N'oubliez pas de tenir compte des majuscules et de la ponctuation. Le n° 5 est placé pour vous aider.

Une situation embarrassante…

et quoiqu'elle **fasse**, elle pense être suivie

à moins que ce ne **soit** dans son imagination

Elle craint que quelqu'un ne **l'agresse** 5

Julie n'aime pas marcher seule dans la nuit

et la convaincre qu'elle peut sortir le soir à condition qu'elle **soit** moins terrorisée

Elle voit des ombres partout

Je voudrais vraiment qu'on **puisse** l'aider à vaincre sa peur

4.ENRICHIR SON VOCABULAIRE

Les courses d'hier et d'aujourd'hui

Il y a quarante ans chaque mère de famille **se rendait** le matin « aux commissions ». Chaque jour elle achetait le lait, le pain , la viande ou le poisson. Les **vendeurs** qui connaissaient bien leurs clientes bavardaient volontiers et faisaient toutes leurs additions de tête* sans calculette bien sûr ou sur une ardoise ! Une à deux fois par semaine, c'était le marché . On y achetait les fruits et les légumes que l'on **déposait** soigneusement dans un **chariot** à roulettes. C'était un lieu de rencontre pour tous les voisins. On passait parfois par la **quincaillerie** ou chez le marchand de couleurs pour acheter quelques ampoules électriques ou un sachet de clous, un sac de lessive ou du savon de Marseille. De retour à la maison, la maîtresse de maison **inscrivait** précisément toutes ses **dépenses** sur un cahier, dans les moindres détails ! On payait en « **liquide** » c'est-à-dire en **billets** et en **pièces**.

Aujourd'hui , tout est **simplifié.** Les habitants des **banlieues** fréquentent les **galeries commerciales** avec plus de 50 boutiques souvent et des **hypermarchés** dans lesquels on trouve absolument tout. En poussant son **caddie** on est **tenté** de mettre plus de choses que ce qui est sur la liste. Il faut donc être attentif aux **dépenses** inutiles. Les parisiens ont moins de chance car c'est plus difficile pour eux de trouver ces **grandes surfaces**. Ils vont alors dans les **supérettes** de quartier, sont beaucoup moins tentés d'acheter le **superflu** mais paient très cher leurs produits Enfin, de nombreuses petites **boutiques** spécialisées sont toujours présentes dans les quartiers : pharmacie , boulangerie, boucherie, magasins de vêtements , de jouets, de meubles…

On règle maintenant en **carte bancaire** et parfois en **chèque**. Pour les grosses sommes les magasins vous proposent de payer par exemple en **trois fois sans frais***.

Certaines **grandes « enseignes »** par exemple de surgelés proposent même **moyennant quelques euros*** de vous livrer votre **commande à domicile.**

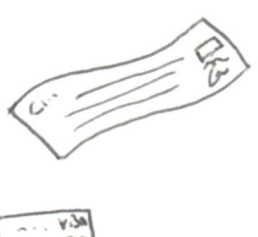

5. DIALOGUER

Vous allez tout critiquer et vous échanger des conseils en utilisant « il faut que » et le subjonctif.

« Ce papier est trop clair, il faut qu'il soit plus foncé.
_ D'accord mais ces ciseaux sont trop petits, il faut qu'ils soient plus grands.
_Ton gâteau est trop plat, il faut qu'il puisse mieux lever, ajoute de la levure !
_ Oui mais toi il faut que tu prennes la vraie recette.
_...
_...

REVISER

Comparer les deux portraits ci-dessus à propos de :

- *La couleur de leurs yeux*
- *Leur taille*
- *Leur façon de s'habiller*
- *Leurs cheveux*
- *La forme de leur visage…*

Vous devrez varier les comparaisons (minimum une supériorité , une égalité, …)

_____
_____
_____
_____
_____
_____

82

6. CORRECTION DU CHAPITRE

Exercice 1.

Qu'il soit là / que tu t'en ailles / que Pierre ne prévienne / que je parte / que tu tendes / qu'elle veuille / qu'un garagiste voie / que tu aies / que nous demeurions / que quelqu'un peigne

Exercice 2.

Que je sache ce poème / que je partage ce gâteau / que je fasse mes devoirs / que je reprenne le même train qu'hier / que je sois en retard / que je réussisse

JOUER

1. Julie n'aime pas marcher seule dans la nuit.
2. Elle voit des ombres partout
3. et quoiqu'elle fasse elle pense être suivie
4. à moins que ce ne soit dans son imagination.
5. Elle craint que quelqu'un ne l'agresse.
6. Je voudrais vraiment qu'on puisse l'aider à vaincre sa peur
7. et la convaincre qu'elle peut sortir le soir à condition qu'elle soit moins terrorisée.

REVISER

(suggestion de phrases)
Il a les yeux moins noirs qu'elle.
Elle est plus grande que lui.
Les vêtements du monsieur sont aussi simples que ceux de la dame.
Il a les cheveux plus courts qu'elle.
Son visage à lui est moins souriant que le sien.

FIN DU TOME 2

Rendez-vous au tome 3 !

© 2014, Marie-Laure Soullard-Pecqueur
Edition : BoD - Books on Demand
12/14 rond-point des Champs Elysées, 75008 Paris
Imprimé par Books on Demand GmbH, Norderstedt, Allemagne
ISBN : 9782322037032
Dépôt légal : juin 2014